TAROT PARA A NOVA GERAÇAO

Fernanda Guedes
A Hierofante

TAROT PARA A NOVA GERAÇÃO

MATRIX

www.matrixeditora.com.br

/MatrixEditora | @matrixeditora | /matrixeditora

Diretor editorial
Paulo Tadeu

Capa e ilustrações
Fernanda Guedes

Projeto gráfico e diagramação
Danieli Campos

Revisão
Joseani Tibursky
Cida Medeiros

CIP-BRASIL. CATALOGAÇÃO NA PUBLICAÇÃO
SINDICATO NACIONAL DOS EDITORES DE LIVROS, RJ

H54t

Guedes, Fernanda
Tarot para a nova geração / A Hierofante. - 1. ed. - São Paulo: Matrix, 2024.
120 p.; 15 cm.

ISBN 978-65-5616-459-5

1. Tarot I. Título.

CDD: 133.32424
24-91592 CDU: 133.5:794.45

Meri Gleice Rodrigues de Souza - Bibliotecária - CRB-7/6439

SUMÁRIO

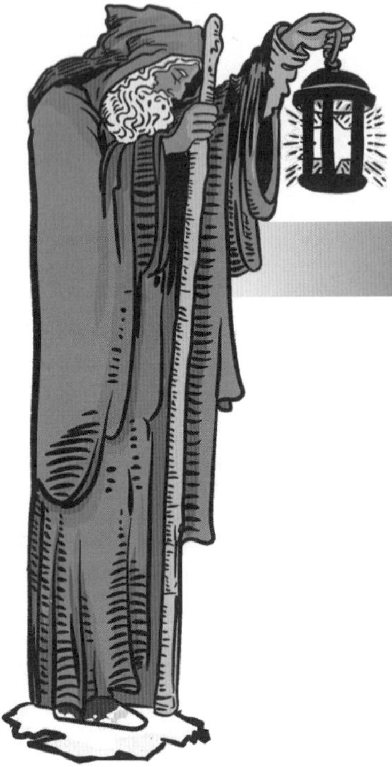

SOBRE ESTE LIVRO

Considero que o tarot é uma língua tão essencial quanto a nossa língua materna ou o inglês. É como aprender o abecê e depois conseguir entender quando as letras estão juntas formando palavras, e assim por diante, até lermos histórias completas. O tarot é exatamente assim e, neste livro, você aprenderá como lê-lo.

As cartas que você vê neste livro foram redesenhadas por mim para nos ajudar a ver melhor todas as expressões faciais, os símbolos e os pequenos detalhes do baralho original que se perderam com o tempo e as tantas reimpressões.

Fiz este trabalho de todo o coração, porque acredito que o tarot é uma ferramenta poderosa para nos ajudar a crescer e viver nossas vidas.

Desde o primeiro dia em que nos encontramos, o tarot tem sido como um bom amigo, a quem devoto minha confiança, amor e respeito. Espero que você e o tarot também se tornem melhores amigos.

SOBRE O TAROT WAITE-SMITH

O Tarot Waite–Smith, frequentemente considerado um dos baralhos de tarot mais emblemáticos e influentes, surgiu por meio da colaboração entre dois visionários: Pamela Colman Smith, a artista, e Arthur Edward Waite, o ocultista e escritor. Esse baralho histórico, também conhecido como Tarot Rider Waite-Smith ou RWS, apareceu no início do século XX, transformando o simbolismo e a interpretação do tarot.

Arthur Edward Waite era uma figura proeminente na sociedade secreta "Ordem Hermética da Aurora Dourada" ou "Ordem Hermética do Alvorecer Dourado", dedicada ao estudo de várias facetas do esoterismo. Ele concebeu um baralho de tarot mais alinhado com os princípios esotéricos da ordem e, em 1909, uniu-se a Pamela Colman Smith, uma artista talentosa e também membro da Golden Dawn, para dar forma a sua visão. A colaboração deles foi inicialmente publicada por uma editora inglesa chamada Rider Company, daí a sigla RWS, com uma letra do nome de cada um dos participantes: R de Rider, W de Waite e S de Smith.

Pamela Colman Smith desempenhou um papel fundamental no design artístico do baralho, ilustrando cada carta com detalhes intrincados e estilo vibrante. Suas ilustrações, caracterizadas por um rico simbolismo e imagens intuitivas, afastaram-se dos *decks* de tarot convencionais da época, estabelecendo um novo padrão.

Lançado em 1910, o Tarot Rider Waite rapidamente ganhou popularidade devido a sua acessibilidade e à abordagem inovadora do simbolismo. As imagens do baralho, inspiradas nas tradições herméticas e místicas, incorporaram símbolos arquetípicos (arquétipos são como modelos de super-heróis nas histórias, cada um com seus poderes e características especiais, ajudando-nos a entender melhor os diferentes personagens) e conceitos esotéricos, tornando-o uma ferramenta valiosa tanto para a adivinhação quanto para a exploração pessoal e espiritual.

O impacto do Rider Waite-Smith revelou-se profundo e duradouro, e sua influência vai além do âmbito da leitura das cartas, moldando a forma como o público moderno percebe e se envolve com o tarot. As imagens universais do *deck* tornaram-no uma referência fundamental para inúmeros entusiastas, estudiosos e leitores de tarot em todo o mundo. O Tarot Rider Waite permanece como uma pedra angular no estudo do tarot, oferecendo um rico conjunto de símbolos que continuam a inspirar e guiar indivíduos em suas jornadas de autodescoberta e crescimento espiritual.

O QUE É O TAROT?

O tarot é um baralho de cartas especial, mas não serve para fazer jogos como Uno. As pessoas usam as cartas do tarot para contar histórias, responder a perguntas ou pensar sobre suas vidas.

Num baralho de tarot existem 78 cartas, com imagens e símbolos que podem mostrar coisas diferentes, como emoções, desafios, criatividade e muito mais. Quando alguém usa cartas de tarot, essa pessoa embaralha todas as cartas, escolhe algumas e depois olha as imagens para ver ou sentir intuitivamente o que significam.

É como uma ferramenta que ajuda as pessoas a pensarem sobre seus sentimentos e suas escolhas e sobre o que pode acontecer no futuro. As cartas do tarot não preveem o futuro, mas podem dar ideias e conselhos para auxiliar as pessoas a se compreenderem melhor.

O tarot não é assustador nem ruim, embora algumas pessoas possam pensar isso, por não o entenderem. Ele é como uma linguagem especial de imagens que podemos usar para explorar nossa imaginação, nossos pensamentos, nossos sentimentos... e, inclusive, nos divertirmos! Porém, é importante usá-lo com gentileza e respeito.

O QUE É A JORNADA DO LOUCO

A Jornada do Louco é um conceito do tarot que representa a viagem simbólica do Louco, personagem principal, por meio das cartas dos Arcanos Maiores. Simboliza o caminho da autodescoberta e do desenvolvimento e crescimento pessoal.

Aqui está uma rápida visão geral da Jornada do Louco ao longo de alguns estágios principais:

O Louco (Carta 0): A jornada começa.

O Mago (Carta I): O Louco aprende a controlar o poder pessoal e a manifestar intenções.

A Alta Sacerdotisa (Carta II): O Louco investiga a intuição, obtendo *insights* mais profundos.

A Imperatriz (Carta III): O Louco experimenta a energia nutritiva da criatividade, fertilidade e abundância.

O Imperador (Carta IV): O Louco aprende sobre estrutura e autoridade e sobre como assumir a responsabilidade por suas ações.

O Hierofante (Carta V): O Louco busca orientação espiritual e explora a sabedoria tradicional e os sistemas de crenças.

Os Amantes (Carta VI): O Louco vivencia escolhas e decisões sobre relacionamentos e valores pessoais.

O Carro (Carta VII): O Louco enfrenta desafios e aprende a superar obstáculos com determinação.

A Força (Carta VIII): O Louco desenvolve força interior, coragem e resiliência diante da adversidade.

O Eremita (Carta IX): O Louco se retira para a introspecção, buscando sabedoria interior e iluminação espiritual.

A Roda da Fortuna (Carta X): O Louco encontra a natureza cíclica da vida, compreendendo os altos e baixos.

A Justiça (Carta XI): O Louco aprende sobre equilíbrio, justiça e as consequências das ações.

O Pendurado (Carta XII): O Louco vivencia um período de rendição, desapego e ganho de novas perspectivas.

A Morte (Carta XIII): O Louco passa por mudanças transformadoras, deixando de lado o velho para dar lugar ao novo.

A Temperança (Carta XIV): O Louco aprende sobre equilíbrio, paciência e moderação em todos os aspectos da vida.

O Diabo (Carta XV): O Louco confronta o materialismo, os apegos e a necessidade de libertação.

A Torre (Carta XVI): O Louco experimenta uma mudança repentina e dramática que abala seus alicerces, mas que permite sua reconstrução.

A Estrela (Carta XVII): O Louco encontra esperança, inspiração e um renovado senso de propósito.

A Lua (Carta XVIII): O Louco enfrenta ilusões, a intuição e os mistérios da mente inconsciente.

O Sol (Carta XIX): O Louco experimenta alegria, clareza e uma sensação de realização.

O Julgamento (Carta XX): O Louco passa por um despertar espiritual, refletindo sobre ações passadas e abraçando um novo começo.

O Mundo (Carta XXI): O Louco atinge um estado de conclusão, totalidade e realização.

A Jornada do Louco espelha as diversas fases e os muitos desafios da vida, fornecendo orientação para explorarmos o tarot em busca de crescimento pessoal.

OS ARCANOS MAIORES

Imagine os Arcanos Maiores do tarot como um livro mágico de histórias, repleto de lições e aventuras importantes. É como uma seção especial do livro, que conta os grandes momentos de mudança de vida pelos quais todos passam. Assim, os Arcanos Maiores são como um livro mágico de histórias, cheio de personagens, cada um com uma lição especial. Juntos, eles tornam a jornada do Louco emocionante e repleta de sabedoria!

O LOUCO

Inocência e Novos Começos

O Louco é como um aventureiro que inicia uma nova jornada e não sabe o que dela esperar.

Pense no Louco como a primeira página de um livro de histórias totalmente novo, pronto para revelar aventuras e surpresas emocionantes.

Imagine o Louco como quando você está prestes a jogar um jogo que nunca jogou antes e não tem ideia do que vai acontecer. Esse sentimento de excitação e curiosidade é muito parecido com o do Louco!

Então, o Louco é a alegria de experimentar coisas novas, cometer erros engraçados e descobrir todas as surpresas maravilhosas que a vida reserva.

O conselho do Louco para você:
"Lembre-se: todo dia é uma chance de começar algo novo. Não tenha medo de aproveitar oportunidades emocionantes!".

Lembre-se das palavras-chave do Louco:
Aventura, curiosidade, brincadeira, novos começos, espontaneidade.

Afirmação positiva do Louco:
"Sou um espírito livre, pronto para explorar novas aventuras e abraçar a alegria da descoberta".

O MAGO

Manifestação e Poder

O Mago pode moldar a realidade com sua vontade e possui todas as ferramentas necessárias para fazer as coisas acontecerem.

Pense no Mago como um amigo supercriativo, que pode fazer truques incríveis e fazer coisas aparecerem do nada.

Imagine o Mago como um amigo que pode transformar giz de cera em um lindo desenho ou dar vida a um brinquedo apenas com a imaginação.

O Mago tem tudo a ver com usar a criatividade e as habilidades para fazer coisas legais acontecerem. Ele nos ensina que temos nossos próprios talentos especiais, assim como poderes mágicos, e que podemos usá-los para tornar o mundo mais incrível!

O conselho do Mago para você:
"Acredite em si mesmo! Você também tem tudo que precisa para transformar seus sonhos em realidade".

Lembre-se das palavras-chave do Mago:
Comunicação, confiança, magia, habilidade, imaginação.

Afirmação positiva do Mago:
"Tenho o poder de realizar meus sonhos e posso criar magia em minha vida".

A ALTA SACERDOTISA

Intuição e Mistério

A Alta Sacerdotisa conhece muitos segredos e os mantém escondidos. Ela é como uma professora sábia.

Pense na Alta Sacerdotisa como uma amiga que está supersintonizada com seus sentimentos e entende as coisas sem que ninguém precise dizer uma palavra.

Imagine a Alta Sacerdotisa como uma pessoa sábia e misteriosa que sempre conhece os segredos mais legais. Ela é como um livro mágico cheio de histórias que poucas pessoas conseguem ler.

Assim, a Alta Sacerdotisa nos ensina a confiar em nossos instintos, a prestar atenção em nossos sentimentos e a explorar o mundo mágico dentro de nossos corações. É como ter um amigo especial que nos ajuda a descobrir os tesouros escondidos de nossa imaginação e intuição.

O conselho da Alta Sacerdotisa para você:

"Seus sentimentos são como um guia especial. Ouça-os e você sempre encontrará seu caminho".

Lembre-se das palavras-chave da Alta Sacerdotisa:

Intuição, mistério, sabedoria, segredos, conhecimento.

Afirmação positiva da Alta Sacerdotisa:

"Confio em meus sentimentos e ouço minha voz interior, pois guardo dentro de mim a sabedoria do universo".

A IMPERATRIZ

Momentos Nutritivos e Mágicos

A Imperatriz é como uma mãe amorosa que cuida de tudo e ajuda as coisas a crescerem. Ela é como uma contadora de histórias mágica, tecendo histórias de amor e bondade no mundo.

Pense na Imperatriz como uma guardiã gentil, assim como sua fada madrinha favorita, sempre pronta para espalhar um pouco de magia para tornar tudo mais maravilhoso.

Imagine a Imperatriz como uma floresta aconchegante e encantada onde cada árvore é uma amiga e cada animal é um companheiro. Em seu reino, o amor floresce.

Portanto, a Imperatriz é a guardiã dos momentos carinhosos, lembrando você de ser tão carinhoso e gentil quanto o abraço mais suave ou o cobertor mais quente. Ela quer que você se sinta rodeado de amor, como se estivesse em um jardim mágico onde a alegria floresce em cada canto.

O conselho da Imperatriz para você:
"Seja gentil consigo mesmo e com os outros. Assim como quando se plantam sementes em um jardim, a gentileza cresce e torna o mundo um lugar mais mágico para todos".

Lembre-se das palavras-chave da Imperatriz:
Magia, amor, cuidado, nutrição, cordialidade.

Afirmação positiva da Imperatriz:
"Sou uma pessoa gentil e atenciosa, espalhando amor e magia aonde quer que eu vá".

O IMPERADOR

Líder Sábio e Guia Responsável

O Imperador é como um líder sábio e forte, ajudando todos a encontrarem seu caminho com justiça e responsabilidade.

Pense no Imperador como um farol robusto, alto, guiando navios em mares tempestuosos. Ele é como o capitão de um time, garantindo que todos cumpram as regras e trabalhem juntos para alcançar o sucesso.

Imagine o Imperador como o guardião da ordem e das regras, assim como um treinador sábio, garantindo que todos sigam o jogo limpo. Em seu reino, todos têm um papel, e o trabalho em equipe faz com que tudo corra bem.

Então, o Imperador é quem te ensina sobre responsabilidade e liderança. Ele quer que você seja corajoso e faça boas escolhas, assim como um rei sábio conduz seu povo à prosperidade.

O conselho do Imperador para você:

"Seja responsável e justo em tudo que fizer. Como um bom capitão, guie os outros com gentileza e dê o exemplo".

Lembre-se das palavras-chave do Imperador:

Sabedoria, liderança, responsabilidade, ordem, justiça.

Afirmação positiva do Imperador:

"Sou forte, confiante e capaz de liderar com justiça e autoridade".

O HIEROFANTE

Tradição, Orientação e Transmissão de Conhecimento

O Hierofante é como um professor sábio, não apenas compartilhando conhecimento, mas também guiando a todos no caminho do crescimento espiritual no que diz respeito à tradição.

Pense no Hierofante como um professor reverenciado, como um sábio acadêmico guiando os alunos por uma extensa jornada educacional. Imagine uma vasta sala de aula onde o conhecimento não se limita aos livros didáticos, mas se estende a *insights* profundos sobre as dimensões espirituais da vida.

Imagine o Hierofante como o guardião dos rituais, alguém respeitado na comunidade. O Hierofante é um bom conselheiro e um curador talentoso, que pode ter a sabedoria antiga sobre as ervas ou sobre como abençoar uma criança e realizar uma cerimônia como um casamento.

O Hierofante é aquele que ensina sobre a importância de aprender, de respeitar os outros, de seguir as tradições e de reconhecer os fios espirituais que se entrelaçam na tapeçaria da existência. Ele quer que você compreenda o valor da consciência espiritual e a profunda conexão que une todas as coisas vivas.

O conselho do Hierofante para você:

"Aceite a compreensão espiritual e respeite a interconexão de toda a vida. Como um professor sábio, compartilhe suas percepções espirituais com bondade. Seja sempre um estudante curioso e use o coração".

Lembre-se das palavras-chave do Hierofante:
Sabedoria, tradição, aprendizado, ensino, respeito.

Afirmação positiva do Hierofante:
"Respeito a sabedoria interior e as jornadas únicas dos outros. Compartilho minha luz com gentileza".

OS AMANTES

Unindo Corações e Escolhas

Os Amantes são duas pessoas que realmente se preocupam uma com a outra e fazem escolhas juntas.

Pense nos Amantes como uma dança na qual dois parceiros se movem em perfeita sincronia, criando uma conexão que vai além das palavras. É como um dueto perfeito, no qual cada nota se complementa, formando um lindo vínculo.

Imagine os Amantes como um animal de estimação leal, seja um cachorro fofinho ou um gato amigável, que compartilha sua jornada na vida. Como companheiros dedicados, eles trazem as cores vibrantes do amor e do compromisso para seus dias.

Então, a carta dos Amantes é a carta da união e das escolhas feitas com o coração. Trata-se de encontrar alguém ou algo especial que ressoe em sua alma, criando um vínculo que pareça perfeito.

O conselho dos Amantes para você:
"Faça escolhas que se alinhem com seu coração e você encontrará uma bela harmonia em tudo o que fizer".

Lembre-se das palavras-chave dos Amantes:
Conexão, harmonia, escolha, unidade, amor.

Afirmação positiva dos Amantes:
"Faço escolhas verdadeiras com meu coração, crio um mundo cheio de alegria e boas vibrações. Compartilho a bondade e torno tudo a meu redor mais brilhante e feliz!".

O CARRO

Caminhando para o Sucesso com Foco e Diversão

A carta o Carro é como um skatista veloz, avançando em direção ao sucesso enquanto mantém os olhos no prêmio e adiciona um toque de diversão à jornada!

Pense no Carro como um explorador engraçado em uma missão, evitando distrações como um cachorrinho rebelde querendo brincar. Com a missão de manter o foco, trata-se de ser tão determinado quanto um explorador tentando não rir quando cercado por criaturas bobas da selva.

Imagine o Carro como um skatista experiente, determinado a realizar manobras incríveis e alcançar a linha de chegada com um grande sorriso. É como andar de skate em uma competição, mas tomando cuidado para não se distrair, assim como tentar dar saltos legais sem parar para perseguir borboletas pelo caminho!

Portanto, o Carro é a carta do triunfo e da força interior e de não permitir que distrações engraçadas tirem o foco que se tem. Trata-se de avançar em direção aos objetivos, divertir-se na jornada e alcançar o sucesso com um espírito grande e alegre.

O conselho do Carro para você:
"A jornada da vida é uma aventura. Pegue as rédeas de sua vida, mantenha a determinação e aproveite a viagem!".

Lembre-se das palavras-chave do Carro:
Triunfo, determinação, força interior, definição de metas, foco.

Afirmação positiva do Carro:
"Estou no caminho do sucesso, mantenho o foco e me divirto ao longo do caminho. Alcanço meus objetivos com um grande e alegre sorriso!".

A FORÇA

Abraçando o Poder Interior

A Força é como ter um conjunto especial de ferramentas para o coração e a mente. É tudo uma questão de saber como se acalmar quando você se sente muito, muito bravo ou chateado. Imagine que você tem um baú cheio de palavras gentis e bons pensamentos.

Pense na Força como Malala, uma garota corajosa que defendeu o direito das meninas de frequentarem a escola em seu país. Trata-se de ser forte por dentro, usar sua voz para defender o que é certo, tal como Malala fez pela educação.

Imagine a Força como uma árvore robusta durante uma tempestade, alta e firme, apesar dos ventos fortes. É como ter um núcleo forte por dentro, assim como as raízes da árvore, para enfrentar os desafios e defender o que é importante.

Então, a Força é a carta que ensina como manter o coração corajoso e usar suas palavras e ações para tornar o mundo um lugar melhor para todos!

Conselho da Força para você:
"A verdadeira força está na bondade. Defenda o direito de ser você mesmo e respeite os outros também. Faça isso com o coração cheio de coragem e amor".

Lembre-se das palavras-chave da Força:
Poder interior, bravura, gentileza, paciência, desejo.

Afirmação positiva da Força:
"Minha fortaleza vem da gentileza e do equilíbrio. Enfrento desafios com compaixão, confiança e um coração amoroso. Confio na minha capacidade de superar e brilhar com serenidade".

O EREMITA

Reflexão e Sabedoria

O Eremita é um velho sábio que gosta de ficar sozinho para pensar e aprender.

Pense no Eremita como Albert Einstein, um gênio que descobriu coisas incríveis ao passar momentos tranquilos sozinho com seus pensamentos. Trata-se de explorar as profundezas de sua mente e encontrar a luz da criatividade interior, assim como Einstein fez quando apresentou suas teorias brilhantes.

Imagine o Eremita como a quietude de uma floresta coberta de neve, onde há muito silêncio e o mundo parece pacífico. É como encontrar um espaço tranquilo dentro de você, onde você possa ouvir seus próprios pensamentos e entender o que realmente importa. É lá onde mora o Eremita.

Portanto, o Eremita é como ter uma lanterna secreta de sabedoria e esperança que o guia para um canto especial e aconchegante de sua mente, onde você pode pensar, sonhar e explorar.

O Conselho do Eremita para você:
"Conheça a si mesmo. A verdadeira sabedoria vem de dentro. Reserve um tempo para uma reflexão silenciosa e deixe sua luz interior guiá-lo".

Lembre-se das palavras-chave do Eremita:
Solidão, introspecção, sabedoria, orientação, descoberta.

Afirmação positiva do Eremita:
"Encontro paz e serenidade na solidão. Meu coração brilha de tranquilidade, crio um mundo cheio de alegria".

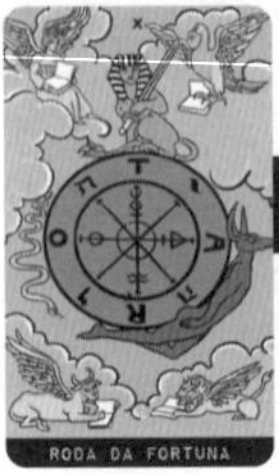

A RODA DA FORTUNA

Girando a Aventura da Vida

A Roda da Fortuna é como um gira-gira que nos mostra a emoção das voltas e reviravoltas da vida, como uma emocionante viagem de montanha-russa.

Pense na Roda da Fortuna como a mudança das estações. Às vezes é verão, cheio de dias de sol e sorvetes, outras vezes é inverno, com brigas de bolas de neve e um aconchegante chocolate quente junto à lareira.

Imagine a Roda da Fortuna como uma gigantesca roleta de jogos, como os jogos de tabuleiro. Ela está girando constantemente e você nunca sabe onde ela irá parar em seguida — em uma aventura divertida ou em uma missão desafiadora.

Portanto, a Roda da Fortuna é a carta que o convida a aproveitar a jornada imprevisível da vida, repleta de surpresas e desafios que fazem de cada dia um novo capítulo emocionante.

Conselhos da Roda da Fortuna para você:

"Abrace os altos e baixos da vida com um sorriso. Cada giro da roda traz novas oportunidades de diversão e aprendizado. Aproveite a aventura!".

Lembre-se das palavras-chave da Roda da Fortuna:

Mudança, destino, sorte, ciclos, oportunidades.

Afirmação positiva da Roda da Fortuna:
"A cada giro da roda, recebo novas oportunidades e alegria, sabendo que estou em uma emocionante jornada de crescimento e descoberta".

A JUSTIÇA

Justiça e Equilíbrio

A Justiça é como um juiz sábio que garante que tudo seja justo e igual. Tem tudo a ver com equidade e garantir que as coisas estejam certas.

Pense na Justiça como um árbitro de um jogo. Assim como o árbitro garante que ambas as equipes cumpram as regras, a Justiça garante que todos sejam tratados de forma justa e recebam o que merecem.

Imagine a Justiça como a balança que ela segura na carta. A balança pesa as evidências dos dois lados para ter certeza de que tudo está em equilíbrio, assim como quando você compartilha um brinquedo com um amigo, garantindo que fique justo para ambos.

Portanto, a Justiça é a carta que o incentiva a compreender a importância de ser justo e de tratar os outros com igualdade.

Conselho da Justiça para você:

"Toda ação tem uma consequência, então pense antes de agir ou decidir".

Lembre-se das palavras-chave da Justiça:

Honestidade, equilíbrio, igualdade, justiça, integridade.

Afirmação positiva da Justiça:

"Ajo com honestidade e justiça, trato os outros com bondade e crio equilíbrio em minhas ações".

O PENDURADO

Rendendo-se a uma Nova Perspectiva

O Pendurado é como um momento para desacelerar e olhar as coisas de uma nova maneira, assim como quando você faz uma pausa durante a brincadeira para notar a beleza a seu redor.

Pense no Pendurado como quando você faz algo errado e precisa de um tempo para avaliar o que fez.

Imagine o Pendurado como um momento de quietude, como quando você está em casa convalescendo depois de ficar doente. É um momento em que você pode não conseguir se apressar, mas está fazendo uma pausa para se recuperar, assim como uma lagarta em seu casulo antes de se transformar em borboleta.

Então, o Pendurado é a carta que o incentiva a aceitar momentos em que você não pode fazer nada além de esperar.

O conselho do Pendurado para você:
"Entregue-se à quietude. Medite. Aprenda com os desafios da vida e aprecie os momentos de silêncio".

Lembre-se das palavras-chave do Pendurado:
Entrega, reflexão, perspectiva, sacrifício, pausa.

Afirmação positiva do Pendurado:
"Estou aberto para ver as coisas de uma nova maneira e para ficar ainda mais forte".

A MORTE

Mudança e Renovação

Não tenha medo! Esta carta é sobre mudança e abandono de coisas antigas para dar lugar a coisas novas. É sobre a ideia de tudo mudar e sobre a mudança ser a única constante na vida.

Pense na Morte como as quatro estações, influenciando a maneira como nos vestimos, comemos e brincamos. Reflita sobre a transformação, assim como as árvores perdem as folhas apenas para florescerem mais uma vez.

Imagine a Morte como uma lagarta se transformando em uma linda borboleta. Ela representa mudanças que fazem você crescer e se tornar algo ainda mais incrível.

Então, a Morte é a carta que incentiva a metamorfose e o reconhecimento de que a mudança não é um inimigo, mas sim uma fiel companheira em sua jornada.

Conselho da Morte para você:
"Abrace a mudança e a transformação, sabendo que cada final traz um novo começo".

Lembre-se das palavras-chave da Morte:
Transformação, renovação, finalizações, renascimento, ciclos.

Afirmação positiva da Morte:
"Abro-me para a magia da vida! A cada mudança, fico mais forte e ganho mais sabedoria".

A TEMPERANÇA

Harmonia e Moderação

Ter temperança é como aprender a se sentir bem por dentro e por fora, encontrando um equilíbrio perfeito que o faça sentir-se feliz e calmo. É uma questão de equilíbrio e harmonia.

Pense na Temperança como um *chef* sábio na cozinha, certificando-se de que as quantidades certas de doçura, acidez e tempero sejam utilizadas na criação de uma receita deliciosa. A vida é como uma receita fantástica, e a Temperança nos ensina como misturar tudo da maneira certa.

Imagine a Temperança como uma pintora talentosa que sabe misturar todas as cores de uma paleta para criar uma bela obra-prima. Trata-se de encontrar o equilíbrio perfeito, assim como misturar as cores certas para pintar um arco-íris vibrante.

Assim, a carta da Temperança incentiva você a encontrar o equilíbrio em sua vida, a misturar diversão e trabalho, alegria e responsabilidade, assim como um alquimista habilidoso cria uma fórmula poderosa.

Conselho da Temperança para você:
"Misture seus dias com risos, aprendizados e uma pitada de gentileza. Encontrar o equilíbrio certo traz magia a cada momento!".

Lembre-se das palavras-chave da Temperança:
Equilíbrio, harmonia, mistura, paciência, arte.

Afirmação positiva da Temperança:
"Tenho equilíbrio e harmonia em todas as áreas da minha vida. Utilizo a moderação para orientar minhas escolhas".

O DIABO

Tentação e Manipulação

O Diabo é o que nos tenta a fazer coisas que podem não ser boas para nós mesmos. Como aquela sensação de querer continuar jogando seu videogame favorito, mesmo que isso signifique pular o dever de casa ou perder a oportunidade de brincar lá fora com os amigos. É a atração complicada do jogo, tornando difícil parar.

Pense no Diabo como um amigo que às vezes tenta estar no comando do jogo, estabelecendo regras que não são justas ou que podem prejudicar outras pessoas. É como quando um amigo quer que você exclua alguém do jogo e você precisa decidir se essa é uma escolha boa ou que vai resultar em encrenca.

Imagine o Diabo como a voz persuasiva no comercial, dizendo: "Você precisa disso agora mesmo! É a melhor coisa do mundo!". É um lembrete de que você tem o poder de resistir à tentação, assim como mudar de canal ou desligar a TV.

Portanto, a carta do Diabo incentiva você a ser um jogador sábio no jogo da vida. É sobre aprender as regras, dando a você o poder de fazer escolhas que tragam alegria e bondade, em vez de ser manipulado ou manipular.

O conselho da carta do Diabo para você:
"Eu sou tão poderoso quanto você acredita que eu sou".

Lembre-se das palavras-chave da carta do Diabo:
Tentação, controle, materialismo, vício, mentiras.

Afirmação positiva da carta do Diabo:
"Estou no controle da minha alegria. Confio em mim, escolho a positividade, a pureza e a verdade".

A TORRE

Libertando-se dos Limites

A Torre é como um castelo gigante de blocos de construção que desmorona inesperadamente, surpreendendo-nos com um misto de excitação e incerteza. A carta da Torre é sobre agitar as coisas e libertar-se de tudo que o aprisiona.

Pense na Torre como uma virada de jogo com reviravoltas surpreendentes, assim como quando alguém passa por uma grande mudança, como a ida para uma nova cidade ou uma nova escola. É um pouco como ter que começar do zero para criar uma vida e um lar totalmente novos.

Imagine a Torre jogando todas as suas roupas no chão e descobrindo novas maneiras de combiná-las. A Torre desafia você a se libertar do velho e a se abrir para o novo, tipo improvisar uma festa na garagem quando o tempo estraga seus planos ao ar livre.

O conselho da Torre para você:

"A mudança pode ser surpreendente e às vezes até um pouco assustadora. Abrace as mudanças e você encontrará liberdade nos locais mais inesperados".

Lembre-se das palavras-chave da Torre:

Transformação, surpresas, libertação, mudança inesperada, epifania.

Afirmação positiva da Torre:
"Eu aproveito a força que há dentro de mim para navegar no caos e na incerteza. Eu abraço a sabedoria adquirida com a mudança de perspectiva".

A ESTRELA

Esperança e Inspiração

A Estrela é como um desejo que se torna realidade.

Pense na Estrela como quando você descobre o que realmente quer fazer — talvez você queira ser um cientista superlegal ou um famoso leitor de tarot! É como ter um mapa do tesouro guiando você para realizar um sonho incrível.

Imagine a Estrela como assistir a um show de seu artista favorito, no qual cada nota, cada batida e cada palavra cria uma experiência fascinante. É uma celebração de arte, amor, beleza e propósito que deixa você inspirado e cheio de energia positiva.

A Estrela é a carta que traz conforto e segurança, lançando um brilho suave em seus sonhos e banindo quaisquer sombras que possam tentar entrar furtivamente.

O conselho da Estrela para você:

"Acredite em seus sonhos. Seus desejos têm o poder de se tornar realidade, e você é uma estrela brilhante em sua própria história".

Lembre-se das palavras-chave da Estrela:

Esperança, desejos, orientação, fama, luz interior.

Afirmação positiva da Estrela:

"Eu sou uma estrela brilhante. Tenho a luz do amor dentro de mim e os verdadeiros desejos do meu coração se tornam realidade".

A LUA

Intuição e Mistério

A Lua é como folhear um álbum de fotos de memórias de infância. Ele traz de volta as risadas, os jogos e as histórias de ninar do passado. Também pode evocar a lembrança de algo triste que aconteceu, causando um pouco de dor.

Pense na Lua como você tentando descobrir por que seu animal de estimação está agindo de maneira estranha. É a mistura de curiosidade e um pouco de incerteza sobre o que está acontecendo a seu redor.

Imagine a Lua como aquela sensação de estar no escuro tentando achar alguma coisa.

Assim, a carta da Lua nos ensina a confiar em nossa intuição e em nossos instintos, usando-os como uma lanterna no escuro para nos guiar até chegarmos a um lugar mais claro.

O conselho da Lua para você:
"Confie em sua coragem!".

Lembre-se das palavras-chave da Lua:
Mistério, intuição, reflexão, ilusão, sonhos.

Afirmação positiva da Lua:
"Navego no desconhecido com a orientação inabalável da minha intuição, sempre me conduzindo para o melhor caminho a seguir".

O SOL

Alegria e Vitalidade

O Sol é como um dia feliz, quando tudo parece bem. Como um feriado, quando todos passeiam e aproveitam a vida. O Sol é como um grande rosto sorridente no céu, torcendo por você.

Pense no Sol como um dia em que todos estão contentes e curtindo juntos. É como fazer uma minifesta no café da manhã, compartilhando a companhia um do outro com afeto. O Sol é também fonte de vitalidade, do mesmo jeito que o calor do Sol ilumina e aquece nossos dias.

Imagine o Sol como um dia em que você sente uma explosão de confiança. É como se os raios do Sol fortalecessem você, fazendo você ficar mais radiante. A confiança é a luz que faz brilhar suas forças e talentos interiores, assim como o Sol ilumina o mundo.

A carta do Sol orienta você a ser otimista e a fazer de cada dia uma experiência radiante e alegre.

O conselho do Sol para você:

"Não se preocupe, seja feliz agora!".

Lembre-se das palavras-chave do Sol:

Felicidade, feriado, vitalidade, otimismo, boa saúde.

Afirmação positiva do Sol:

"Irradio alegria e vitalidade, e meus dias são repletos de risos e felicidade. Eu escolho ver o lado bom das coisas".

O JULGAMENTO

Reflexão e Transformação

O Julgamento é sobre ter uma segunda chance de consertar as coisas, um momento para fazer as pazes e deixar para trás as brigas do passado. É um momento em que a vida nos mostra que seu significado é muito maior do que os rancores que carregamos. A carta do Julgamento nos desperta e nos pede comprometimento com o processo de crescimento e evolução.

Pense no Julgamento como o encontro com um mapa que leva você a uma compreensão profunda de suas crenças, seus valores e sua conexão com o universo.

A carta do Julgamento o lembra de agir sendo fiel ao seu coração, é como ter um guia especial que ajuda você a fazer coisas com propósito e gentileza e a escolher o melhor para todos.

O Julgamento é a carta que o lembra de ser você mesmo, de fazer o que é certo e de tornar o mundo um lugar melhor.

O conselho do Julgamento para você:
"Seja fiel ao seu coração e confie na sabedoria do universo".

Lembre-se das palavras-chave do Julgamento:
Reflexão, transformação, crescimento, desapego, renovação.

Afirmação positiva do Julgamento:
"Aprendo e cresço todos os dias. Faço boas escolhas e me sinto feliz por dentro. Deixo de lado as coisas que me incomodam e perdoo".

O MUNDO

Conclusão e Realização

O Mundo é como uma grande festa, uma sensação de sucesso e felicidade. É como quando você termina de construir um incrível castelo de LEGO e se afasta para admirar sua obra--prima. Você fez isso! A carta o Mundo é como aquele momento em que você conclui algo importante e se sente orgulhoso.

Pense no Mundo como a última página de um livro que você está lendo, uma história mágica na qual os personagens embarcam em aventuras incríveis, enfrentam desafios e aprendem lições importantes. O Mundo é como chegar ao capítulo final, quando tudo se encaixa como um quebra-cabeça perfeito.

Imagine o Mundo como sua própria vida. Cada dia é como uma nova página em branco esperando para ser preenchida com sua história única. Você é o personagem principal de uma jornada fantástica, e a trama se desenrola conforme você avança em suas rotinas diárias.

Portanto, o Mundo o incentiva a apreciar a jornada contínua de sua vida. É um lembrete de que cada dia é uma oportunidade de acrescentar algo incrível a sua história, seja um pequeno ato de gentileza, uma nova habilidade aprendida ou uma aventura emocionante.

O conselho do Mundo para você:

"Comemore cada conquista e prepare-se para novos desafios e aventuras".

Lembre-se das palavras-chave do Mundo:
Conclusão, cumprimento, celebração, sucesso, totalidade.

Afirmação positiva do Mundo:
"Acolho cada dia como uma oportunidade de aprender, crescer e criar memórias maravilhosas no livro da minha vida".

OS ARCANOS MENORES

Os Arcanos Menores do tarot são como as cartas normais que você usa nos jogos, mas elas têm imagens e símbolos legais.

Imagine os Arcanos Menores do tarot como uma coleção de histórias menores, como os capítulos de um livro. Essas histórias se concentram nas aventuras e experiências cotidianas que ajudam o Louco a aprender e crescer.

Os Arcanos Menores têm quatro naipes, assim como em um baralho normal, e cada naipe tem seu próprio tema especial.

OS QUATRO NAIPES

Copas: As copas têm tudo a ver com sentimentos e emoções. Elas mostram como as pessoas estão felizes ou tristes e como se preocupam umas com as outras.

Ouros: Ouros (ou Pentáculos) são como moedas. Tratam de dinheiro e das coisas que temos na vida, como roupas e objetos pessoais.

Espadas: As espadas tratam de desafios e problemas. Elas podem mostrar quando as coisas estão difíceis ou quando precisamos tomar uma decisão.

Paus: Paus são como bastões mágicos. Têm tudo a ver com a nossa energia e criatividade, como quando temos grandes ideias e sonhos.

Cada naipe possui cartas numeradas de 1 a 10 e mostram diferentes níveis de seu tema.

AS CARTAS DA CORTE

E também há quatro cartas especiais em cada naipe, como um grupo de personagens de uma história. Eles representam as idades e os papéis em nossa vida, como a infância e o tempo para aprender ou a idade de explorar o mundo sozinho. Há adultos também, com responsabilidades e poder. Cada um deles tem qualidades de acordo com o naipe.

Ler as cartas da corte é como conhecer diferentes personagens de uma história. Cada carta tem uma personalidade, assim como as pessoas que você conhece. Os Reis são líderes sábios, as Rainhas são atenciosas e cuidadosas, os Cavaleiros são aventureiros e enérgicos e os Pajens são como aprendizes curiosos.

COPAS

O naipe de Copas no tarot é uma jornada emocional, representando as profundezas dos sentimentos, dos relacionamentos e das experiências do coração. Cada carta, marcada por símbolos de taças ou cálices, mergulha nos aspectos emocionais da vida, oferecendo uma narrativa rica em simbolismo e significado.

O Ás de Copas inicia a jornada com o frescor do primeiro amor, alegria e uma sensação de renovação emocional. É como se uma taça transbordasse de entusiasmo, representando novos começos e emoções puras.

À medida que avançamos, encontramos desafios e triunfos nas cartas seguintes. O Dois de Copas simboliza a união e a parceria, enquanto o Três de Copas celebra a alegria compartilhada em amizades e celebrações, e por aí vai!

Ao explorar o naipe de Copas, mergulhamos na riqueza das experiências humanas, entendendo as profundezas do coração e as nuances das relações interpessoais. Cada carta conta uma história única, proporcionando uma visão profunda e poética das emoções que permeiam a jornada da vida.

ÁS DE COPAS

O Ás de Copas é como uma taça nova e brilhante, cheia de felicidade e amor. É como quando você ganha um cachorrinho novo ou um grande abraço de alguém de quem você realmente gosta. É amor transbordando.

O conselho do Ás de Copas para você:
"Abra-se para novas emoções e experiências, permita que seu coração se encha de compaixão, amor-próprio e conexões genuínas com os outros. Este é um momento de descoberta emocional e de crescimento. Expresse seus sentimentos de maneira autêntica, cuide bem de seu mundo interno e você terá um alicerce sólido para relacionamentos saudáveis e alegrias duradouras".

Lembre-se das palavras-chave do Ás de Copas:
Amor
Felicidade
Novos sentimentos
Alegria
Compartilhamento

Afirmação positiva do Ás de Copas:
"Meu coração é como uma bolha feliz, pronta para espalhar amor e alegria".

DOIS DE COPAS

O Dois de Copas representa o começo de uma união, parceria e relacionamentos significativos, sejam românticos, de amizade íntima ou de colaboração. É um símbolo de equilíbrio e harmonia nas interações entre duas pessoas.

O conselho do Dois de Copas para você:
"Junte-se a um amigo; dois corações tornam tudo mais divertido".

Lembre-se das palavras-chave do Dois de Copas:
Amor
Amizade
Parceria
Conexão
Harmonia

Afirmação positiva do Dois de Copas:
"Abro meu coração para parcerias autênticas, com amor, respeito e compreensão mútuas. Celebro a diversidade e a união, cultivo relacionamentos que enriquecem minha vida com amor e apoio sincero".

TRÊS DE COPAS

O Três de Copas é como uma festinha com seus melhores amigos. É comemorar bons momentos e dar muitas risadas e se divertir.

O conselho do Três de Copas para você:
"Planeje uma pequena celebração; bons amigos e momentos felizes criam as melhores lembranças".

Lembre-se das palavras-chave do Três de Copas:
Celebração
Amizade
Comunhão
Socialização
Compartilhamento

Afirmação positiva do Três de Copas:
"A alegria flui através de mim, inspirando celebrações autênticas e encontros alegres".

QUATRO DE COPAS

O Quatro de Copas é quando você se sente um pouco entediado ou pouco interessado nas coisas a seu redor. É como quando você tem muitas coisas para fazer, mas não sabe por onde começar.

O conselho do Quatro de Copas para você:

“Se algo entristece ou entedia você, converse sobre isso ou encontre uma atividade divertida para ajudar a melhorar seu humor”.

Lembre-se das palavras-chave do Quatro de Copas:

Descontentamento
Reflexão
Afastamento emocional
Busca interior
Apatia

Afirmação positiva do Quatro de Copas:

“Abro-me para novas amizades e formas de diversão que sejam para meu bem maior”.

CINCO DE COPAS

O Cinco de Copas é quando você está triste porque algo não saiu como planejado. Mas olhe bem para a carta: ainda há duas taças em pé que simbolizam ofertas de coisas boas.

O conselho do Cinco de Copas para você:
"Aprenda com os erros, reserve um tempo para sentir a tristeza e logo você verá que tudo se transforma em algo incrível".

Lembre-se das palavras-chave do Cinco de Copas:
Aprendizado
Crescimento
Erros
Tristeza
Perda

Afirmação positiva do Cinco de Copas:
"Eu aprendo com meus erros e supero a tristeza graciosamente".

SEIS DE COPAS

O Seis de Copas é como um baú cheio de lembranças felizes. É sobre valorizar os doces momentos do passado e criar novos para preencher o coração.

O conselho do Seis de Copas para você:

"Lembre-se de suas raízes enquanto cresce. Agradeça os momentos simples e genuínos e permita que o amor oriente suas escolhas. Abra-se para a alegria do presente, mas honre as lições do passado com sabedoria".

Lembre-se das palavras-chave do Seis de Copas:

Recordações
Presentes
Felicidade
Amigos
Harmonia

Afirmação positiva do Seis de Copas:

"Compartilho amor e bondade, meu mundo é harmonioso e feliz, cheio de sorrisos e abraços afetuosos".

SETE DE COPAS

O Sete de Copas é como sonhar acordado, criando as melhores aventuras com a imaginação. É a capacidade que temos de avaliar possibilidades diferentes para ver se estão de acordo com o que sentimos e desejamos.

O conselho do Sete de Copas para você:
"É normal sentir atração por várias ideias e caminhos, mas é importante discernir entre o realista e o ilusório. Defina o que realmente importa para você e escolha sabiamente as oportunidades que contribuirão para seu crescimento pessoal".

Lembre-se das palavras-chave do Sete de Copas:
Imaginação
Sonhos
Ilusão
Aventuras
Escolhas

Afirmação positiva do Sete de Copas:
"Tenho o poder de criar situações felizes e sempre escolho o que é melhor para mim".

OITO DE COPAS

O Oito de Copas é como deixar algo para trás, como mudar para um novo lugar ou dizer adeus a algo que não traz felicidade.

O conselho do Oito de Copas para você:
"Tenha coragem para explorar o desconhecido e encontrar algo emocionante que lhe traga uma nova alegria".

Lembre-se das palavras-chave do Oito de Copas:
Seguir adiante
Abandonar
Viagem
Transição
Busca

Afirmação positiva do Oito de Copas:
"Exploro corajosamente novas experiências emocionais".

NOVE DE COPAS

O Nove de Copas é como ter um pequeno momento especial só para você, no qual seus desejos se tornam realidade. Tipo quando você faz algo de que realmente gosta, como ler um livro num cantinho aconchegante ou saborear uma sobremesa após a refeição.

O conselho do Nove de Copas para você:
"Regue o jardim do seu coração sendo gentil consigo mesmo e com os outros e observe a alegria florescer".

Lembre-se das palavras-chave do Nove de Copas:
Alegria
Desejo realizado
Autoestima
Gratidão
Independência

Afirmação positiva do Nove de Copas:
"Adoro minha própria companhia, e meus momentos a sós são cheios de paz e satisfação".

DEZ DE COPAS

O Dez de Copas é como ter um aconchegante ninho de amor e felicidade. Todos estão se dando bem e se sentindo ótimos, como em uma família amorosa. É como um grande abraço que dura para sempre.

O conselho do Dez de Copas para você:
"Ame, seja amado e deixe o amor governar".

Lembre-se das palavras-chave do Dez de Copas:

Amor
Felicidade
Família
Aconchego
União

Afirmação positiva do Dez de Copas:
"Estou feliz e seguro em um ninho de amor".

PAJEM DE COPAS

O Pajem de Copas é um mensageiro de emoções que traz palavras gentis, como um amigo que o anima quando você está triste. É sobre expressar suas emoções com palavras sinceras e criar conexões amorosas.

O conselho do Pajem de Copas para você:
"Lembre-se de que é normal sentir-se um pouco perdido, mas cada emoção é uma oportunidade de crescimento. Seja gentil consigo mesmo e com os outros, e permita que sua intuição guie sua jornada para descobrir o vasto mundo das emoções".

Lembre-se das palavras-chave do Pajem de Copas:
Sensibilidade
Intuição
Novas emoções
Criatividade
Inocência

Afirmação positiva do Pajem de Copas:
"Estou sempre disponível para fazer novas amizades e me expresso com amor e gentileza".

CAVALEIRO DE COPAS

O Cavaleiro de Copas é como um sonhador e um romântico em busca de amor e aventura.

O conselho do Cavaleiro de Copas para você:
"O Santo Graal do Amor é o respeito e a bondade".

Lembre-se das palavras-chave do Cavaleiro de Copas:
Idealismo
Sentimentos
Busca emocional
Romance
Inspiração

Afirmação positiva do Cavaleiro de Copas:
"Minhas ações são baseadas no amor e na gentileza. Minha vida é repleta de emoções profundas e conexões significativas".

RAINHA DE COPAS

A Rainha de Copas é como alguém que compreende os sentimentos e compartilha gentileza com os outros, uma pessoa amorosa e carinhosa que sempre sabe como confortá-lo e fazer você se sentir melhor.

O conselho da Rainha de Copas para você:
"Cuide bem de si mesmo e valorize e expresse seus bons sentimentos".

Lembre-se das palavras-chave da Rainha de Copas:
Gentileza
Compreensão
Compaixão
Sentimentos
Empatia

Afirmação positiva da Rainha de Copas:
"Sou a expressão viva da empatia, irradiando amor e serenidade por onde passo".

REI DE COPAS

O Rei de Copas representa a maturidade emocional e a capacidade de liderar com compaixão, expressando sentimentos com sabedoria e influenciando positivamente aqueles a seu redor.

O conselho do Rei de Copas para você:
"Viva com compaixão e escolha sempre fazer o bem".

Lembre-se das palavras-chave do Rei de Copas:
Sabedoria
Gentileza
Compreensão
Liderança
Compaixão

Afirmação positiva do Rei de Copas:
"Lidero serenamente, inspirando conexões profundas e cultivando um mundo de harmonia e compaixão".

OUROS

O naipe de Ouros no tarot é um retrato prático da vida, representando questões materiais, finanças, carreira e a conexão com o mundo físico. Com símbolos de moedas ou de pentáculos, cada carta nesse naipe conta uma história sobre as experiências práticas da existência.

O Ás de Ouros é como uma semente plantada, simbolizando o início de algo sólido e tangível. É a promessa de prosperidade, abundância e a oportunidade de construir uma base sólida.

À medida que avançamos, encontramos desafios e conquistas nas cartas subsequentes. O Dois de Ouros sugere a necessidade de equilibrar diferentes aspectos da vida, enquanto o Três de Ouros celebra o trabalho colaborativo e o reconhecimento.

Ao explorar o naipe de Ouros, mergulhamos na pragmática jornada da vida, compreendendo as complexidades das finanças, da carreira e da manifestação de objetivos tangíveis. Cada carta desse naipe é uma peça essencial na construção de uma vida próspera e sustentável.

ÁS DE OUROS

O Ás de Ouros é como encontrar uma moeda de ouro no chão. É um sinal de algo novo e valioso, como um presente legal ou uma recompensa bem merecida.

O conselho do Ás de Ouros para você:
"Abrace novas oportunidades de crescimento e estabilidade financeira; seu trabalho dedicado pode render recompensas abundantes".

Lembre-se das palavras-chave do Ás de Ouros:
Prosperidade
Oportunidade
Empreendimentos
Abundância
Recompensa

Afirmação positiva do Ás de Ouros:
"Meus esforços plantam as sementes da prosperidade e estou aberto às recompensas abundantes que surgem em meu caminho".

DOIS DE OUROS

O Dois de Ouros é como fazer um malabarismo, equilibrando habilmente as demandas da vida com graça e flexibilidade. É como girar vários pratos no ar, gerenciando múltiplas responsabilidades.

O conselho do Dois de Ouros para você:
"A adaptabilidade é seu ponto forte; encontre harmonia na gestão de prioridades para aproveitar o melhor da vida".

Lembre-se das palavras-chave do Dois de Ouros:
Equilíbrio
Adaptabilidade
Dualidade
Flexibilidade
Escolhas

Afirmação positiva do Dois de Ouros:
"Sou capaz de lidar com as alegrias e as responsabilidades da minha vida com facilidade e graça".

TRÊS DE OUROS

O Três de Ouros é como um projeto superlegal de trabalho em equipe, no qual as pessoas unem forças para fazer algo incrível. É como ser parte de um time que trabalha em conjunto para atingir um objetivo comum, com cada pessoa dando seu melhor.

O conselho do Três de Ouros para você:
"Reconheça o valor da colaboração e do trabalho em equipe".

Lembre-se das palavras-chave do Três de Ouros:
Colaboração
Trabalho em equipe
Habilidades compartilhadas
Aprendizagem
Sucesso

Afirmação positiva do Três de Ouros:
"Sou um colaborador valioso e estou aberto para compartilhar meu conhecimento e aprender com os outros".

QUATRO DE OUROS

O Quatro de Ouros fala sobre apegar-se a suas coisas, como não querer compartilhar seus objetos favoritos, ou ficar acumulando coisas. Ele nos lembra de ser um pouco mais abertos e generosos.

O conselho do Quatro de Ouros para você:
"Encontre o equilíbrio entre a segurança e o risco e lembre-se de que o ato de desapegar-se pode abrir espaço para novas oportunidades".

Lembre-se das palavras-chave do Quatro de Ouros:
Segurança
Posse
Cautela
Estagnação
Ambição

Afirmação positiva do Quatro de Ouros:
"Estou seguro e aberto para os fluxos generosos da vida".

CINCO DE OUROS

O Cinco de Ouros é quando você se sente excluído ou preocupado por não ter o suficiente. Mas lembre-se, sempre há ajuda por perto se você pedir, e é importante lembrar que o apoio pode vir de lugares inesperados.

O conselho do Cinco de Ouros para você:
"Crescer pode ser difícil, não tenha medo de pedir ajuda. Você não está sozinho ao lidar com os desafios".

Lembre-se das palavras-chave do Cinco de Ouros:
Dificuldade
Isolamento
Crescimento
Resiliência
Apoio

Afirmação positiva do Cinco de Ouros:
"Sou resiliente em tempos difíceis. Os desafios são temporários, e eu sempre os supero".

SEIS DE OUROS

O Seis de Ouros é sobre dar e receber, sobre gentileza e apoio. Imagine uma comunidade legal na qual todos cuidam uns dos outros.

O conselho do Seis de Ouros para você:
"Lembre-se da importância de compartilhar o que tem — tempo, habilidades ou recursos. Esteja atento às necessidades dos outros a seu redor e, sempre que possível, ofereça ajuda. Ao contribuir para o bem-estar dos outros, você também enriquece sua própria vida, pois a verdadeira riqueza está em ajudar e apoiar uns aos outros".

Lembre-se das palavras-chave do Seis de Ouros:
Generosidade
Compartilhamento
Gentileza
Comunidade
Reciprocidade

Afirmação positiva do Seis de Ouros:
"Faço parte de uma comunidade na qual a bondade flui e na qual apoiamos uns aos outros de maneira positiva".

SETE DE OUROS

O Sete de Ouros é como plantar sementes em um jardim e esperar pacientemente que cresçam. É tudo uma questão de trabalho e dedicação, investindo seu tempo e esforço em algo que trará bons resultados no futuro.

O conselho do Sete de Ouros para você:
"Seja paciente e confie no processo. Mantenha-se comprometido com seus objetivos".

Lembre-se das palavras-chave do Sete de Ouros:
Paciência
Investimento
Trabalho dedicado
Crescimento
Avaliação

Afirmação positiva do Sete de Ouros:
"Com paciência e dedicação, cultivo um futuro repleto de sucesso e abundância".

OITO DE OUROS

O Oito de Ouros fala sobre aprender e praticar. Como um artista habilidoso trabalhando diligentemente em sua obra-prima, é tudo uma questão de dedicar horas para aprimorar suas habilidades e aperfeiçoar-se.

O conselho do Oito de Ouros para você:
"Suba de nível! Você sabe que pode fazer melhor! Continue praticando e logo verá os resultados!".

Lembre-se das palavras-chave do Oito de Ouros:
Aprendizado
Prática
Aprimoramento
Disciplina
Perícia

Afirmação positiva do Oito de Ouros:
"Com disciplina e dedicação, construo um caminho de sucesso e conquistas significativas".

NOVE DE OUROS

O Nove de Ouros fala sobre aproveitar as coisas boas que você tem, de alcançar um nível de conforto e luxo por meio de um trabalho dedicado, criando um espaço que reflita seu sucesso.

O conselho do Nove de Ouros para você:
"Reserve um momento para aproveitar as recompensas de seus esforços. Você conquistou esse momento de paz e satisfação".

Lembre-se das palavras-chave do Nove de Ouros:
Sucesso
Luxo
Independência
Abundância
Prazer

Afirmação positiva do Nove de Ouros:
"Aproveito o conforto e a abundância. Sou grato pela vida que criei".

DEZ DE OUROS

O Dez de Ouros é riqueza. É como uma casa feliz, aconchegante e confortável. É ter segurança, abundância e prosperidade para a vida.

O conselho do Dez de Ouros para você:
"Não se trata apenas de coisas; trata-se também dos momentos divertidos e das aventuras que compartilhamos!".

Lembre-se das palavras-chave do Dez de Ouros:
Legado
Fortuna
Estabilidade
Tradição
Abundância

Afirmação positiva do Dez de Ouros:
"Lembre-se de suas raízes e valores. A verdadeira riqueza está na harmonia familiar e no legado construído com amor e respeito".

PAJEM DE OUROS

O Pajem de Ouros representa um aprendiz dedicado, ansioso para explorar e desenvolver suas habilidades práticas e conhecimentos materiais, em busca de crescimento e estabilidade financeira.

O conselho do Pajem de Ouros para você:
"Mergulhe nos estudos e busque conhecimentos que possam fortalecer sua base para o futuro. A disciplina e a dedicação de agora pavimentarão o caminho para um futuro mais estável e próspero".

Lembre-se das palavras-chave do Pajem de Ouros:
Aprendizado
Responsabilidade
Potencial
Ambição
Disciplina

Afirmação positiva do Pajem de Ouros:
"Absorvo facilmente novos conhecimentos e estou comprometido com meu crescimento pessoal".

CAVALEIRO DE OUROS

O Cavaleiro de Ouros é como um agricultor dedicado que trabalha nos campos, cuidando das plantações e garantindo uma colheita abundante. É alguém que leva a sério suas responsabilidades e aborda as tarefas com um forte senso de dever e praticidade, como um amigo confiável que sempre aparece quando você precisa.

O conselho do Cavaleiro de Ouros para você:
"Concentre-se em seus objetivos com comprometimento e seus esforços levarão a um sucesso duradouro".

Lembre-se das palavras-chave do Cavaleiro de Ouros:
Persistência
Responsabilidade
Confiabilidade
Disciplina
Eficiência

Afirmação positiva do Cavaleiro de Ouros:
"Estou comprometido com a realização dos meus sonhos, e cada passo que eu dou me leva em direção a um futuro próspero".

RAINHA DE OUROS

A Rainha de Ouros simboliza praticidade, confiabilidade, estabilidade financeira e bem-estar material. A Rainha de Ouros também pode representar a conexão com a natureza e a habilidade de gerenciar recursos com sabedoria, proporcionando conforto e segurança.

O conselho da Rainha de Ouros para você:
"Lembre-se de se cuidar bem e busque equilíbrio entre os estudos e a diversão. Aprenda a gerenciar seus recursos com sabedoria, seja tempo, seja energia ou dinheiro. Invista em hábitos saudáveis e construa uma base sólida para seu futuro".

Lembre-se das palavras-chave da Rainha de Ouros:
Pragmatismo
Natureza
Abundância
Conforto
Sustentabilidade

Afirmação positiva da Rainha de Ouros:
"O dinheiro flui para mim sem esforço, sou abundante e próspero. Sou grato por todos os recursos que tenho".

REI DE OUROS

O Rei de Ouros é como um magnata experiente, governando seu reino financeiro com autoridade e sabedoria, como um CEO de sucesso que lidera com mão firme, mas justa, tomando decisões estratégicas para a prosperidade a longo prazo.

O conselho do Rei de Ouros para você:
"Cultive uma mentalidade empreendedora e responsável desde cedo, entenda e aprecie o valor do dinheiro. A disciplina e a responsabilidade são a chave para o sucesso duradouro".

Lembre-se das palavras-chave do Rei de Ouros:
Riqueza
Liderança
Sagacidade
Estabilidade
Perspicácia

Afirmação positiva do Rei de Ouros:
"Eu tomo decisões poderosas que levam à prosperidade e à abundância duradouras em todos os aspectos da minha vida".

ESPADAS

O naipe de Espadas no tarot é uma jornada intelectual, retratando o mundo do pensamento, da razão e dos desafios mentais. Cada carta marcada pelo símbolo das espadas corta através das complexidades da mente, proporcionando uma narrativa dinâmica e significativa.

O Ás de Espadas inicia a jornada com clareza mental, representando um novo entendimento, uma ideia ou uma verdade revelada. É como se uma espada afiada cortasse através da confusão, trazendo a luz da compreensão.

À medida que avançamos, encontramos desafios e vitórias nas cartas seguintes. O Dois de Espadas simboliza a necessidade de tomada de decisão, enquanto o Três de Espadas aborda a dor emocional e o processo de cura.

Ao explorar o naipe de Espadas, adentramos o reino do pensamento crítico, do entendimento profundo e do enfrentamento direto dos desafios intelectuais. Cada carta desse naipe é uma página na narrativa do conhecimento e da clareza mental.

ÁS DE ESPADAS

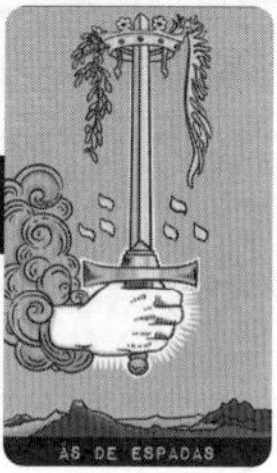

O Ás de Espadas é a verdade e a vitória. É quando a honestidade prevalece, eliminando o engano e abrindo caminho para uma compreensão genuína.

O conselho do Ás de Espadas para você:
"Seja honesto consigo mesmo e com os outros e deixe o poder da verdade guiar suas decisões, promovendo conexões genuínas e crescimento autêntico".

Lembre-se das palavras-chave do Ás de Espadas:
Verdade
Clareza
Honestidade
Revelação
Justiça

Afirmação positiva do Ás de Espadas:
"Sou honesto e justo. O poder da verdade é minha luz-guia".

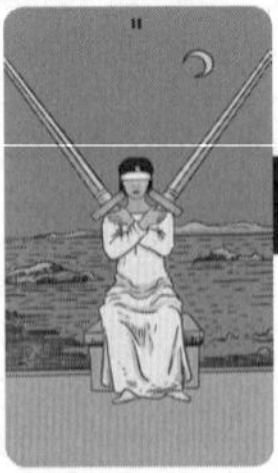

DOIS DE ESPADAS

O Dois de Espadas é quando você se sente dividido entre duas escolhas, como tentar decidir entre dois jogos para jogar.

O conselho do Dois de Espadas para você:
"Reserve um tempo para pensar e pesar as opções antes de decidir o que parece certo para você".

Lembre-se das palavras-chave do Dois de Espadas:
Dúvida
Impasse
Escolha difícil
Conflito interno
Análise

Afirmação positiva do Dois de Espadas:
"Confio no processo, sabendo que a reflexão cuidadosa me leva a caminhos mais claros e positivos".

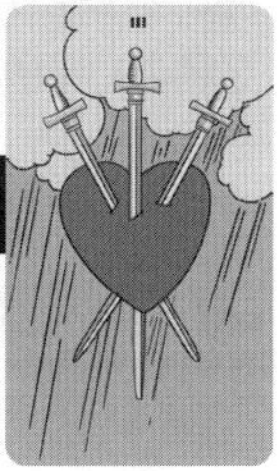

TRÊS DE ESPADAS

O Três de Espadas é quando você se sente triste ou magoado por causa de algo que aconteceu — é como ser pego desprevenido.

O conselho do Três de Espadas para você:
"Às vezes, as coisas podem ser um pouco difíceis e não há problema em sentir tristeza. Seus sentimentos importam, por isso fale com alguém em quem você confia, como um amigo ou um familiar".

Lembre-se das palavras-chave do Três de Espadas:
Tristeza
Decepção
Arrependimento
Coração partido
Traição

Afirmação positiva do Três de Espadas:
"Sou forte e consigo lidar com momentos difíceis".

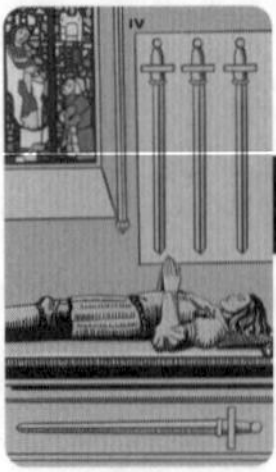

QUATRO DE ESPADAS

O Quatro de Espadas é como fazer uma pausa, assim como quando você pausa seu videogame favorito para recarregar ou tira uma soneca para descansar. É um momento para relaxar e reunir energias, dando à mente a oportunidade de se estabilizar.

O conselho do Quatro de Espadas para você:
"Às vezes, todos precisamos de uma pausa. Já experimentou meditar? É como dar umas férias para sua mente!".

Lembre-se das palavras-chave do Quatro de Espadas:
Descanso
Recarga
Pausa
Relaxamento
Renovação

Afirmação positiva do Quatro de Espadas:
"Dou à minha mente e ao meu corpo o descanso de que precisam e volto ainda mais forte!".

CINCO DE ESPADAS

O Cinco de Espadas é como sentir que perdeu uma discussão. É um pouco como quando as coisas não acontecem do seu jeito e parece um pouco difícil de entender. Representa não só nossas conversas internas, mas também o que os outros falam e vice--versa. Essa é a carta do *bullying*, da provocação, das brigas e dos conflitos decorrentes de como pensamos.

O conselho do Cinco de Espadas para você:
"Em vez de focar em ganhar ou perder, tente encontrar uma maneira de conversar e se entender melhor".

Lembre-se das palavras-chave do Cinco de Espadas:
Conflito
Desacordo
Mal-entendido
Assédio moral
Provocação

Afirmação positiva do Cinco de Espadas:
"Minha mente está em paz e me comunico respeitosamente com todos".

SEIS DE ESPADAS

O Seis de Espadas é como deixar para trás algo que estava lhe causando problemas e seguir adiante para um lugar mais seguro e feliz. É mais ou menos como baixar a nova versão de um app que consertou vários *bugs*. É um *upgrade* na maneira como pensamos.

O conselho do Seis de Espadas para você:
"Quando as coisas parecem difíceis, não há problema em afastar-se dos desafios e buscar um lugar mais pacífico e feliz. Confie que as coisas vão melhorar".

Lembre-se das palavras-chave do Seis de Espadas:
Viagem
Transição
Seguir em frente
Melhoria
Avanço

Afirmação positiva do Seis de Espadas:
"Deixo para trás os tempos difíceis e sigo em direção a um ambiente mais pacífico e positivo".

SETE DE ESPADAS

O Sete de Espadas é sobre ser astuto e nem sempre dizer a verdade sobre nossas reais intenções. É a carta da esperteza. O Sete de Espadas sugere encontrar maneiras mais éticas e diretas de lidar com desafios.

O conselho do Sete de Espadas para você:
"Esteja ciente da desonestidade. Se não tiver certeza, faça perguntas e certifique-se de que tudo esteja claro".

Lembre-se das palavras-chave do Sete de Espadas:
Furtividade
Segredo
Suspeita
Desonestidade
Estratégia

Afirmação positiva do Sete de Espadas:
"A verdade é minha aliada, e eu a abraço com confiança em todas as áreas da minha vida".

OITO DE ESPADAS

O Oito de Espadas é quando você se sente preso numa armadilha, embora possa encontrar uma saída se olhar ao redor. É como se preocupar sem motivo.

O conselho do Oito de Espadas para você:
"Quando as coisas parecerem difíceis, lembre-se de que sempre há uma saída. Você tem o poder de superar desafios!".

Lembre-se das palavras-chave do Oito de Espadas:
Autoengano
Restrição
Limitação mental
Isolamento
Obstáculos imaginários

Afirmação positiva do Oito de Espadas:
"Reconheço que o medo e a ansiedade são apenas ilusões temporárias. Eu liberto minha mente das limitações autoimpostas e escolho enxergar além dos obstáculos com coragem, abrindo caminho para o progresso".

NOVE DE ESPADAS

O Nove de Espadas é como ter muitas preocupações em mente, estar com a ansiedade a milhão. É como estar num círculo vicioso de pensamentos intrusivos, sem conseguir pensar com clareza.

O conselho do Nove de Espadas para você:
"Quando as preocupações parecem avassaladoras, lembre-se de que a maioria dos medos reside em nossa mente. Enfrente essas ansiedades, buscando apoio com alguém de confiança. Encontre maneiras saudáveis de lidar com o estresse, como praticar exercícios, meditar ou fazer atividades artísticas. Saiba que você não está sozinho e que existe ajuda disponível".

Lembre-se das palavras-chave do Nove de Espadas:
Ansiedade
Depressão
Medo
Culpa
Preocupação

Afirmação positiva do Nove de Espadas:
"Escolho cultivar pensamentos positivos e focar nas soluções, sei que sou capaz de superar desafios".

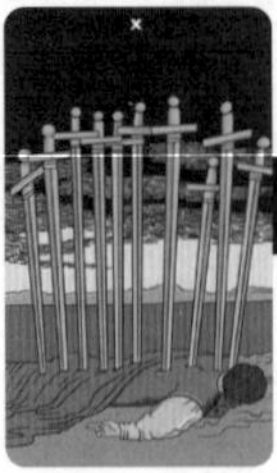

DEZ DE ESPADAS

O Dez de Espadas é quando as coisas que já estavam difíceis e dando errado chegam ao fim. Mas lembre-se, este é o ponto mais baixo, e as coisas podem só melhorar a partir daqui.

O conselho do Dez de Espadas para você:
"Você chegou ao fim. Prepare-se para reiniciar".

Lembre-se das palavras-chave do Dez de Espadas:
Fim doloroso
Fracasso
Deslealdade
Superação
Aprendizado difícil

Afirmação positiva do Dez de Espadas:
"Eu escolho transformar desafios em oportunidades de aprendizado e crescimento. Aceito o fim de ciclos como uma porta aberta para novos começos".

PAJEM DE ESPADAS

O Pajem de Espadas é uma mente curiosa, como quando você está animado para aprender algo novo, resolver um quebra-cabeça desafiador ou aprender um novo idioma.

O conselho do Pajem de Espadas para você:
"Abra-se para a curiosidade intelectual e o questionamento saudável. Utilize suas habilidades de comunicação de maneira consciente e construtiva. Ao enfrentar desafios, não tema pedir conselhos e considerar diferentes perspectivas".

Lembre-se das palavras-chave do Pajem de Espadas:
Curiosidade
Aprendizado
Inteligência
Novas ideias
Comunicação

Afirmação positiva do Pajem de Espadas:
"Utilizo minha inteligência de forma positiva. Minha comunicação é clara e construtiva. Expresso minhas ideias com confiança".

CAVALEIRO DE ESPADAS

O Cavaleiro de Espadas está sempre entrando em ação com um objetivo claro em mente. Ele se move rapidamente e está sempre correndo contra o tempo para resolver um enigma ou realizar uma tarefa ousada.

O conselho do Cavaleiro de Espadas para você:
"Use sua mente afiada para superar desafios, mas também esteja ciente de como suas palavras e ações podem afetar os outros. Busque a verdade, mas lembre-se da importância da empatia".

Lembre-se das palavras-chave do Cavaleiro de Espadas:
Ação rápida
Confiança
Coragem
Racionalidade
Impaciência

Afirmação positiva do Cavaleiro de Espadas:
"Minhas ações são guiadas pela clareza mental e pelo foco direcionado. Tenho a audácia de perseguir meus objetivos com ousadia e inteligência ágil".

RAINHA DE ESPADAS

A Rainha de Espadas é muito inteligente e honesta. Ela é como uma mentora sábia e perspicaz que valoriza a verdade e incentiva o pensamento independente.

O conselho da Rainha de Espadas para você:
"Fale sua verdade. Mantenha-se firme em seus princípios e incentive os outros a fazerem o mesmo".

Lembre-se das palavras-chave da Rainha de Espadas:
Lógica
Comunicação clara
Intelecto
Independência
Racionalidade

Afirmação positiva da Rainha de Espadas:
"Minha comunicação é direta, justa e respeitosa. Tenho sabedoria e equilíbrio emocional para tomar decisões ponderadas".

REI DE ESPADAS

O Rei de Espadas é como um estrategista brilhante, utilizando seu intelecto e suas percepções aguçadas como ferramentas para uma liderança eficaz. Ele é um governante sábio e decidido, uma figura de autoridade respeitada que valoriza o intelecto, a justiça e o raciocínio claro.

O conselho do Rei de Espadas para você:
"Lidere com sabedoria, defenda a justiça e abrace o poder do pensamento lógico em suas ações".

Lembre-se das palavras-chave do Rei de Espadas:
Liderança
Ética
Justiça
Inteligência
Autoridade

Afirmação positiva do Rei de Espadas:
"Minha mente é uma ferramenta poderosa, supero desafios com clareza e percepção".

PAUS

O naipe de Paus no tarot é uma jornada de energia, paixão e ação, representando o mundo da criatividade, inovação e o impulso para a frente. Cada carta, marcada por símbolos de varinhas ou bastões, conta uma história dinâmica e cheia de vida.

O Ás de Paus inicia a jornada com a faísca da inspiração, simbolizando novos começos, oportunidades e a chama do entusiasmo. É como se uma varinha mágica acendesse a imaginação e a vontade de criar.

À medida que avançamos, encontramos desafios e triunfos nas cartas seguintes. O Dois de Paus sugere a necessidade de escolhas e planejamento, enquanto o Três de Paus celebra a expansão e a colaboração.

Ao explorar o naipe de Paus, entramos no reino da energia vital, buscando a realização, a expressão e a manifestação criativa. Cada carta desse naipe é uma centelha na jornada dinâmica da vida.

ÁS DE PAUS

O Ás de Paus é como um fósforo recém-aceso, cheio de energia! É a carta da inspiração criativa. É aquele momento em que você sente uma onda de motivação, como uma ideia brilhante que surge do nada.

O conselho do Ás de Paus para você:
"Imagine e crie! Suas ideias são poderosas e você pode fazer coisas incríveis acontecerem".

Lembre-se das palavras-chave do Ás de Paus:
Criatividade
Inspiração
Novos começos
Paixão
Energia

Afirmação positiva do Ás de Paus:
"Eu sou a força criativa que molda meu próprio destino e estou pronto para seguir em frente com entusiasmo e determinação".

DOIS DE PAUS

O Dois de Paus fala sobre fazer tomar decisões e fazer planos, representa um momento em que estamos diante de oportunidades e devemos decidir qual caminho seguir, tomando nas mãos as rédeas do próprio destino.

O conselho do Dois de Paus para você:
"Sonhe grande e faça planos emocionantes! Seu mundo está cheio de possibilidades esperando para serem exploradas".

Lembre-se das palavras-chave do Dois de Paus:
Exploração
Planejamento
Visão
Parcerias
Opções

Afirmação positiva do Dois de Paus:
"Estou no controle do meu próprio destino. Com confiança e proatividade, eu crio um destino alinhado com meus sonhos e aspirações".

TRÊS DE PAUS

O Três de Paus é aquele momento em que você está pronto para explorar novas terras e ver as coisas interessantes que o mundo reserva para você.

O conselho do Três de Paus para você:
"Explore novas áreas de interesse e considere como suas ações no presente podem impactar positivamente seu futuro. Há um mundo de possibilidades para você. Esteja preparado!".

Lembre-se das palavras-chave do Três de Paus:
Expansão
Oportunidades
Expectativas
Visão de futuro
Viagens

Afirmação positiva do Três de Paus:
"Meu futuro é brilhante, e eu sou capaz de moldá-lo com determinação e visão positiva".

QUATRO DE PAUS

O Quatro de Paus é como uma festa a todo vapor, com alegria e muitas risadas enchendo o ar. É aquele momento em que você realiza algo importante e se reúne com amigos e familiares, celebrando conquistas compartilhadas.

O conselho do Quatro de Paus para você:
"Comemore suas vitórias! Aproveite a alegria de suas conquistas e valorize os momentos de harmonia e felicidade".

Lembre-se das palavras-chave do Quatro de Paus:
Celebração
Estabilidade
Conquista
União
Alegria

Afirmação positiva do Quatro de Paus:
"Celebro as conquistas e os momentos de alegria em minha vida. Cultivo um ambiente de paz e harmonia a meu redor. Recebo a felicidade e reconheço as bênçãos que fluem para mim".

CINCO DE PAUS

O Cinco de Paus é sobre uma competição amigável ou talvez uma pequena discussão com amigos. É como tentar ver quem é o melhor em alguma coisa. É aquele momento da vida que pode parecer um pouco caótico, mas que também tem muito potencial.

O conselho do Cinco de Paus para você:
"Encontre maneiras criativas de superar as adversidades, concentrando-se em suas habilidades e recursos. Saiba que você tem a força interior para superar esses obstáculos e, com o tempo, a situação tenderá a melhorar".

Lembre-se das palavras-chave do Cinco de Paus:
Concorrência
Disputa
Crescimento
Trabalho em equipe
Discórdia

Afirmação positiva do Cinco de Paus:
"Estou feliz que meus pontos fortes únicos complementam os talentos de outras pessoas, criando uma equipe harmoniosa e bem-sucedida".

SEIS DE PAUS

O Seis de Paus dá a sensação de estar no centro das atenções após uma atuação fantástica, com fãs entusiasmados e uma sensação de realização. É aquele momento em que você é reconhecido e comemorado pelo seu trabalho e sucesso.

O conselho do Seis de Paus para você:
"Aproveite a glória! Suas conquistas estão brilhando intensamente e é hora de comemorar seus merecidos triunfos".

Lembre-se das palavras-chave do Seis de Paus:
Reconhecimento
Vitória
Sucesso
Destaque
Popularidade

Afirmação positiva do Seis de Paus:
"Recebo com gratidão o reconhecimento que mereço e compartilho minhas vitórias com humildade. Meu sucesso é merecido, e o futuro reserva ainda mais realizações para mim".

SETE DE PAUS

O Sete de Paus é como estar no topo de uma colina, defendendo corajosamente sua posição. É aquele momento em que você enfrenta os desafios, permanecendo firme em suas convicções e se recusando a recuar.

O conselho do Sete de Paus para você:
"Mantenha sua posição! Abrace sua força interior, enfrente os desafios com determinação e deixe sua resiliência ser seu escudo".

Lembre-se das palavras-chave do Sete de Paus:
Coragem
Confronto
Resistência
Defesa
Superação

Afirmação positiva do Sete de Paus:
"Sou uma fortaleza de coragem e resiliência. Mantenho-me firme em minhas convicções, pronto para superar qualquer obstáculo".

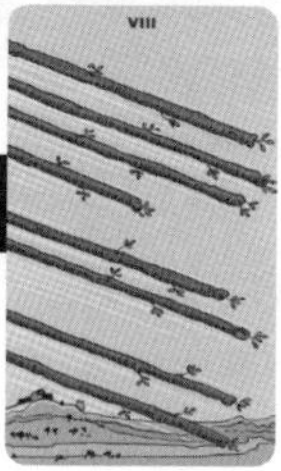

OITO DE PAUS

O Oito de Paus é como um monte de ideias e mensagens chegando até você muito rapidamente. É *momentum*! *Momentum* é a força que mantém um objeto em movimento. Então, se algo já está em movimento, o impulso é o que o faz continuar. É como um empurrão que ajuda as coisas a continuarem se movendo. Quanto mais impulso algo tem, mais difícil é parar!

O conselho do Oito de Paus para você:
"Aproveite o momento! As oportunidades estão chegando rapidamente. Aja depressa para aproveitar os ventos da mudança".

Lembre-se das palavras-chave do Oito de Paus:
Movimento
Mudança
Ação rápida
Aceleração
Oportunidades

Afirmação positiva do Oito de Paus:
"Estou no ritmo do sucesso, manifestando realizações rápidas e eficazes".

NOVE DE PAUS

O Nove de Paus fala sobre ser forte e não desistir, mesmo quando as coisas ficam difíceis. É aquele momento de resiliência em que você já enfrentou obstáculos, mas está preparado para a reta final.

O conselho do Nove de Paus para você:
"Persista e permaneça forte! Você percorreu um longo caminho, e sua determinação garante o triunfo. Confie em sua resiliência".

Lembre-se das palavras-chave do Nove de Paus:
Resiliência
Perseverança
Resistência
Energia
Empurrão final

Afirmação positiva do Nove de Paus:
"Sou resiliente e forte, minha perseverança me leva à vitória".

DEZ DE PAUS

O Dez de Paus sinaliza um momento de desafios e responsabilidades intensas. Representa sentir-se sobrecarregado por uma quantidade excessiva de obrigações, expectativas ou pressões.

O conselho do Dez de Paus para você:
"Reflita sobre suas responsabilidades. Embora a carga possa ser pesada, cada tarefa contribui para seu sucesso. Delegue quando necessário e reconheça o valor de seus esforços".

Lembre-se das palavras-chave do Dez de Paus:
Fardo
Responsabilidade
Pressão
Exaustão
Conclusão

Afirmação positiva do Dez de Paus:
"Assumo minhas responsabilidades com propósito e reconheço o valor de meus esforços para alcançar meus objetivos".

PAJEM DE PAUS

O Pajem de Paus é um jovem explorador e aventureiro, cheio de entusiasmo, criatividade e energia. Representa uma fase de descobertas, novos interesses e uma abordagem ousada diante da vida.

O conselho do Pajem de Paus para você:
"Abrace sua curiosidade! Esteja aberto a novas ideias e oportunidades. Uma mensagem ou inspiração pode acender uma centelha criativa dentro de você".

Lembre-se das palavras-chave do Pajem de Paus:
Mente aberta
Entusiasmo
Criatividade
Curiosidade
Ansiedade

Afirmação positiva do Pajem de Paus:
"Meu entusiasmo é uma força poderosa que me impulsiona no caminho da descoberta e do crescimento pessoal".

CAVALEIRO DE PAUS

O Cavaleiro de Paus é como um viajante ousado e aventureiro, partindo em uma jornada emocionante com paixão e determinação. É aquele momento em que você sente uma onda de energia, pronto para perseguir seus objetivos com entusiasmo ardente.

O conselho do Cavaleiro de Paus para você:
"Avance com paixão! Seu espírito aventureiro é seu maior trunfo. Abrace a jornada e deixe seu entusiasmo iluminar o caminho".

Lembre-se das palavras-chave do Cavaleiro de Paus:
Paixão
Aventura
Determinação
Energia
Ousadia

Afirmação positiva do Cavaleiro de Paus:
"Exploro novos horizontes com confiança. Traço meu próprio destino e escolho trilhar meu caminho com entusiasmo. Meu potencial é ilimitado, e avanço com coragem em direção a meu futuro vibrante".

RAINHA DE PAUS

A Rainha de Paus é uma líder radiante e carismática, exalando confiança e cordialidade. É aquele momento em que você assume seu poder, abraçando sua autenticidade e inspirando os outros com sua paixão e originalidade.

O conselho da Rainha de Paus para você:
"Irradie confiança! Reconheça sua singularidade. Seu valor e seu carisma têm o poder de despertar a criatividade e inspirar as pessoas a seu redor".

Lembre-se das palavras-chave da Rainha de Paus:
Confiança
Liderança
Paixão
Magnetismo
Autenticidade

Afirmação positiva da Rainha de Paus:
"Sou um líder radiante, confiante em minhas habilidades. Abraço minha autenticidade e paixão, inspirando criatividade em mim e nas pessoas a meu redor".

REI DE PAUS

O Rei de Paus é um líder visionário, governando com um espírito apaixonado e uma visão ousada para o futuro. É a capacidade de assumir o poder com confiança e de impor respeito com sua presença magnética e carismática.

O conselho do Rei de Paus para você:
"Lidere com visão! Expresse suas ideias criativas com ousadia. Você tem o poder de transformar sonhos em realidade".

Lembre-se das palavras-chave do Rei de Paus:
Liderança
Confiança
Visão
Ousadia
Coragem

Afirmação positiva do Rei de Paus:
"Irradio força e confiança, assumo meu papel de líder poderoso com sabedoria para inspirar e guiar outros".

COMO LER O TAROT

Agora que você conhece todas as cartas, seja bem-vindo ao mundo do tarot! Aqui está um guia simples para ajudá-lo a começar sua própria jornada:

Faça amizade com seu tarot, leve-o para todos os lugares com você, quanto mais vocês dois estiverem juntos, melhor.

Confie na sua intuição. O tarot é uma experiência pessoal e não existe uma maneira "certa" ou "errada" de interpretar as cartas.

Comece com leituras simples com uma carta, duas ou uma tiragem de três cartas — isso ajuda a manter as interpretações administráveis.

Cuide do seu *deck*, trate seu tarot com respeito. Guarde-o em uma bolsinha ou caixa especial. Se você gosta de cristais, pode usar uma selenita para limpá-lo e carregá-lo com energia positiva entre as leituras.

Seja consistente. Dedique tempo à prática e ao estudo regular. Retire uma carta todos os dias e reflita sobre seu significado.

Vá além. Explore livros de tarot (este aqui é só o básico!). Aproveite os recursos de busca on-line ou participe de cursos para aprofundar sua compreensão.

Conecte-se com outros entusiastas. Siga leitores de tarot nas redes sociais ou interaja com grupos locais para compartilhar experiências e aprender com outras pessoas.

Fale tarot! Não hesite em fazer perguntas e buscar orientação de leitores mais experientes.

Lembre-se de que o tarot é uma jornada pessoal e que não existem regras rígidas. Aproveite o processo de descoberta e deixe que as cartas sejam uma ferramenta de autorreflexão e inspiração. Tenha uma boa leitura!

MINHA LEITURA FAVORITA

Ler o tarot usando uma tiragem é como contar uma história com as cartas. Aqui vai uma bem simples para você tentar, chamada de "Coração da Questão, Desafios e Forças".

Primeiro, embaralhe as cartas. Em seguida, escolha uma carta e coloque-a no espaço "Coração da Questão", uma no espaço "Desafios" e outra no espaço "Forças".

1. **Coração da questão:** É o começo da história. É onde descobrimos o que é realmente importante ou o que de fato está acontecendo em uma situação.

2. **Desafios:** Esses são os problemas ou as coisas complicadas a enfrentar. Ajuda a descobrir como superar obstáculos ou dificuldades.

3. **Pontos fortes:** Essas são as coisas boas e os "superpoderes" que temos. São as habilidades especiais que ajudam a resolver problemas.

Agora, observe as imagens nas cartas. A que elas lhe remetem? Confie em seus sentimentos e em sua imaginação. Se não tiver certeza, você pode verificar as descrições deste livro para obter ajuda e entender melhor a história que as cartas estão contando. Pode também buscar mais significados na internet ou usar o chat GPT para ajudar na interpretação.

Ler o tarot é como um jogo divertido, no qual você usa sua imaginação para descobrir uma história ou obter conselhos sobre algo em sua vida.

Lembre-se de que é uma maneira divertida de pensar sobre situações da vida real e sobre como lidar com elas.

Cinco perguntas que você pode fazer ao tarot para começar o dia

Como posso ter um dia feliz e alegre?

Como posso ser útil e gentil com os outros?

No que preciso prestar atenção hoje?

Como posso explorar minha criatividade e imaginação?

O que posso aprender e descobrir sobre mim mesmo?

Cinco atividades divertidas para fazer com o tarot sozinho ou com amigos

HORA DA HISTÓRIA DA CARTA

Sozinho: Escolha uma carta, qualquer carta, e imagine uma história ou aventura divertida baseada na imagem. Que personagens estão na história? O que acontece depois?

Com amigos: Compartilhem suas histórias de cartas uns com os outros. Revezem-se tirando cartas e adicionando-as a uma história coletiva. Vejam como as histórias podem se tornar criativas e bobas!

EXPLORAÇÃO ELEMENTAL

Sozinho: Escolha um naipe de tarot (Paus, Copas, Espadas, Ouros) e encontre objetos em sua casa que representem cada elemento (fogo, água, ar, terra).

Com amigos: Cada amigo pode escolher um naipe diferente. Juntos, explorem o ambiente a seu redor para encontrar itens que correspondam ao elemento escolhido. Compare e discuta suas descobertas!

CHARADAS DE TAROT EMOJI

Sozinho: Escolha uma carta e expresse as emoções ou ações nela usando emojis. Você consegue adivinhar qual carta escolheu com base em suas charadas de emoji?

Com amigos: Revezem-se na representação de cartas de tarot usando emojis. Os outros jogadores adivinham a carta. É uma maneira divertida de explorar o significado das cartas.

GALERIA DE ARTE DO TAROT

Sozinho: Selecione uma carta e crie sua interpretação artística usando materiais de desenho, pintura ou artesanato.

Com amigos: Cada amigo escolhe uma carta diferente e cria sua própria arte. Organize as criações para fazer uma galeria colaborativa de arte do tarot. Compartilhe suas inspirações por trás de cada criação.

BRINCADEIRA DE MÍMICA COM O TAROT

Esta tiragem precisa de mais pessoas. Cada um escolhe uma carta e, sem mostrá-la aos outros, imita a ação ou emoção associada a ela.

O resto do grupo tenta adivinhar qual carta do tarot está sendo representada com base na mímica.

Você também pode experimentar uma versão com quadro branco ou apenas caneta e papel, e tentar desenhar os símbolos das cartas em um curto espaço de tempo.

ESTE NÃO É O FIM!

Você sempre encontrará mais para aprender, mas, ao chegarmos ao final desta jornada mágica pelo tarot, quero que saibam o quanto estou orgulhosa de cada um de vocês. Aprender sobre o tarot não envolve apenas compreender as cartas; trata-se de compreender a nós mesmos, uns aos outros e o incrível mundo que nos cerca.

Ao encerrar este livro, meu maior desejo para você é de que a sabedoria do tarot se torne uma luz orientadora em sua vida. Que as lições das cartas, repletas de histórias e símbolos, o inspirem a ter coragem, compaixão e curiosidade. Lembre-se de que a jornada do Louco também é a sua jornada — uma jornada de infinitas possibilidades, crescimento e autodescoberta.

Abrace as qualidades das cartas — a coragem da Força, a curiosidade do Pajem de Espadas, a criatividade do Mago. Em tempos confusos, recorra à sabedoria da Alta Sacerdotisa e, quando enfrentar desafios, canalize a determinação do Carro. Celebre a alegria do Sol e encontre consolo nas energias curativas da Estrela. Lembre-se de que a Roda da Fortuna continua girando, trazendo novas aventuras e oportunidades para você.

Mais importante ainda, use o tarot como uma ferramenta para compreender e conectar-se com outras pessoas. Compartilhe seus *insights*, ensine outras pessoas e continue ouvindo diferentes perspectivas.

Lembre-se, a magia do tarot está nas conexões que as pessoas fazem e nas histórias que criam juntas.

Desejo a você uma jornada repleta de amor, risos e das infinitas maravilhas que a vida e o tarot têm a oferecer.

Sua amiga do tarot,
A Hierofante

A autora

Oi, meu nome é Fernanda Guedes, a Hierofante. E por que Hierofante? Porque essa é a minha carta de alma, ou seja, reflete muito do que sou. Ser Hierofante é ensinar, ser um canal por onde as informações fluem. Ser Hierofante é transmitir conhecimento para mantê-lo vivo. E essa missão sempre me inspirou a ensinar tudo o que aprendo, seja ilustração (sou artista visual há MUITOS anos) ou tarot. Em 2020, em plena pandemia, lancei o canal "Peladeusa Tarot" no YouTube, com leituras diárias que ajudaram milhares de pessoas em um momento tão crítico coletivamente. E essa é uma das belezas de ser Hierofante, ter aprendido a ler e interpretar os símbolos que me permitem receber e transmitir mensagens que ajudam a vida das pessoas. Por isso, me sinto muito feliz e realizada ao tornar essa linguagem simbólica acessível, especialmente aos jovens, para que seja uma ferramenta útil para o autoconhecimento e o entendimento do mundo. E dessa maneira cumpro minha missão de Hierofante. Você também pode aprender e ensinar, lembre-se: o conhecimento é para ser compartilhado.

MATRIX